I0748471

Published by Angelis Publications
ISBN: 978-0-9956516-2-3
www.angelispublications.com

Welcome

benvinguda
Velkomin
Croeso
roimh
grata
Vitajte
üdvözöljük
vitejte
Bem
welkom
widziane
Sveiki
benvenuti
menyambut
Bienvenue
Benvido
willkommen
bienvenida
Välkomna
пожаловать
velkommen
welcome
venit
tervetuloa
Сардэчна
dobrodošli
просимо
mile
ai
mừng
Ласкаво
chào
Добро
fáilte
sveikt
vindo

Guests

Guests

Guests

Guests

Guests

Guests

Guests

Guests

Guests

Guests

Guests

Guests

Guests

Guests

Guests

Guests

Guests

Guests

Guests

Guests

Guests

Guests

Guests

Guests

Guests

Guests

Guests

Guests

Guests

Guests

Guests

Guests

Guests

Guests

Guests

Guests

Guests

Guests

Guests

Guests

Guests

Guests

Guests

Guests

Guests

Guests

Guests

Guests

Guests

Guests

Guests

Guests

Guests

Guests

Guests

Guests

Guests

Guests

Guests

Guests

Guests

Guests

Guests

Guests

Guests

Guests

Guests

Guests

Guests

Guests

Guests

Guests

Guests

Guests

Guests

Guests

Guests

Guests

Guests

Guests

Guests

Guests

Guests

Guests

Guests

Guests

Guests

Guests

Guests

Guests

Guests

Guests

Guests

Guests

Guests

www.ingramcontent.com/pod-product-compliance
Lightning Source LLC
Chambersburg PA
CBHW081126300726
48982CB00005B/863

* 9 7 8 0 9 9 5 6 5 1 6 2 3 *